刻在石头上的
中华五千年
碑刻记忆里的元明清

煜程国际文化传播（北京）有限公司
苏州和云观博数字科技有限公司 /著　　张云 /主编

天地出版社
TIANDI PRESS

图书在版编目（CIP）数据

碑刻记忆里的元明清 / 煜程国际文化传播（北京）有限公司，苏州和云观博数字科技有限公司著；张云主编 . —成都：天地出版社，2023.1（2023.3 重印）

（刻在石头上的中华五千年）

ISBN 978-7-5455-7297-1

Ⅰ . ①碑… Ⅱ . ①煜… ②苏… ③张… Ⅲ . ①石刻—考古—中国—元代—清代—儿童读物 Ⅳ . ① K877.4-49

中国版本图书馆 CIP 数据核字（2022）第 195986 号

BEIKE JIYI LI DE YUAN MING QING

碑刻记忆里的元明清

出 品 人	杨 政
总 策 划	戴迪玲
责任编辑	王 倩 刘桐卓
装帧设计	霍笛文
营销编辑	陈 忠 魏 武
责任印制	刘 元

出版发行　天地出版社
　　　　　（成都市锦江区三色路 238 号 邮政编码：610023）
　　　　　（北京市方庄芳群园 3 区 3 号 邮政编码：100078）
网　　址　http://www.tiandiph.com
电子邮箱　tianditg@163.com
经　　销　新华文轩出版传媒股份有限公司

印　　刷　北京雅图新世纪印刷科技有限公司
版　　次　2023 年 1 月第 1 版
印　　次　2023 年 3 月第 2 次印刷
开　　本　787mm×1092 mm 1/16
印　　张　3
字　　数　60 千字
定　　价　28.00 元
书　　号　ISBN 978-7-5455-7297-1

西安碑林博物馆编委会

- 主　编：张　云
- 副主编：李　慧
- 编　委：刘　艳
　　　　　倪丽烨
　　　　　白雪松

本书编委会

- 特约策划：徐燕明
- 执行主编：李　佳
- 特约编辑：李　佳　高艳花　张　莉
- 插　　画：李志关
- 美术编辑：刘　孟　卜翠红
- 视效编辑：李倩倩　吕文昊
　　　　　　周年琨　朱苏倩

AR 文物课开讲啦

本书精选 20 组文物，量身打造 20 节 AR 文物课。只需两步，古老的文物就会与崭新的 AR 技术相遇，让文物"动"起来！

01

02

用微信扫描二维码，进入本书的 AR 小程序；

识别有 的页面；或者点击左下角"臻品"，选取相关文物讲解；

AR 文物课开始了，听文物讲述自己的故事！

尊圣哲，促汉化

元朝　元朝(1271—1368)元朝是由蒙古部族建立的统一王朝。大规模的人口流动，促进了各族经济文化的发展和融合。元朝入主中原后，为了维护统治，主张以儒家思想治国，学习**汉族文化**，并在全国各地刻制了加封孔子的碑石。元朝书法也得到一定的发展，成就最高的就是"元朝书法第一人"**赵孟頫**，他为后世留下了许多书法名碑。

提到元朝，姐弟俩最大的印象就是版图大、战斗力强。蒙古人的战斗力为何如此强大呢？原来，蒙古骑兵不仅拥有良好的军事素质和装备，而且战术也是世界一流的。

西辽

1218 年，蒙古军攻灭西辽。

西夏

❶ 蒙古骑兵体格强壮，纪律严明，擅长骑射。

❷ 蒙古人的战袍大都是皮革的，不仅轻便，还有防御能力。

❸ 蒙古战马有很强的奔跑能力和稳定性，且身材矮小，马腿不易受到攻击。

吐蕃等部

1247 年，蒙古招降了吐蕃。1264 年，元朝在中央设置宣政院，成为第一个对西藏设立正式管辖机构的朝代。

大理

1253 年，忽必烈出征云南大理国，1255 年征服云南全境。

蒙古

1206 年，铁木真被尊称为成吉思汗，蒙古国正式建立。1271 年，忽必烈将国号由"大蒙古国"改为"大元"，成为元朝首位皇帝。

1227 年，蒙古军攻灭西夏。

金

1234 年，蒙古军攻灭金。

4 蒙古人使用的马刀、匕首、弓箭等轻型武器，能满足不同距离的攻击需要。

5 蒙古人的两种主要战术：箭头式，主力军居中，两翼配合，形成梯形攻击方式；包抄式，从四面八方向中间包抄，这是蒙古人从打猎中学到的经验。

元朝时开始加强对琉球（台湾）的管辖。这是历史上中央王朝首次在中国台湾地区正式建立行政机构。

南宋

1276 年，元军占领临安（今杭州）。
1279 年，崖山海战后，南宋灭亡。

元朝入主中原后，为了维护统治，大力崇尚儒学，推崇孔子，使儒家思想得到了延续和发展。元朝不仅结束了乱世，也在中西文化的交流上做出了突出的贡献。

成吉思汗在他统治范围内建立了**自由贸易制度**，提倡自由贸易，坚持公平买卖、等价交换的原则，促进了东西方的文化、技术和经济等方面的交流，也促进了百姓生活上的相互交融。

元朝印制了世界上第一种国际通用的纸币——**中统元宝交钞**，这种货币可以在元朝疆域和周边国家流通使用。

元朝建立了遍布全国的**邮政和快递系统**，还在每个属国都设有驿站，元朝的驿路一直横贯到欧洲。四通八达的驿站，不仅加强了中央政权对地方的管治，也促进了边疆地区的开发和东西方之间的交往。

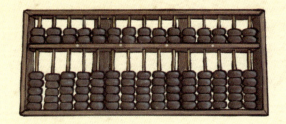

蒙古人既把东方的四大发明、驿站制度和算盘等介绍给西方人，也将西方的药物、天文历法、数学等传到中国。

文化卡片

追求汉化的皇帝

元世祖忽必烈知人善任，推行儒家思想和汉化政策。建立元朝后，忽必烈改革官制，垦荒屯田、兴修水利，使生产得以恢复发展。忽必烈创立了行省制度，在中央设中书省统领全国政务。地方设行中书省，作为中书省的派出机构。我国省级行政区的设立就开始于元朝。

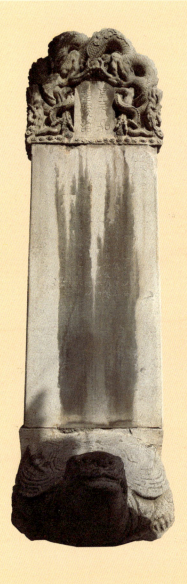

皇元加圣号诏碑

时代：元皇庆二年（1313）
尺寸：高 441 厘米，宽 135 厘米
收藏地：西安碑林博物馆
文物来源：原立于西安文庙大成殿

元武宗尊孔的秘密

《皇元加圣号诏碑》碑文由赵世延撰文并书写，内容是元武宗追封孔子、加其号为"大成至圣文宣王"的诏书原文。

元大德十一年（1307），刚即位不久的元武宗就加封孔子为"大成至圣文宣王"。马背上固然可以得天下，但治国必须要有策略、要靠文化。崇尚武力的蒙古人入主中原以后，将孔子尊为"圣哲"，就是显示对汉文化的重视。

元朝有一位著名的科学家郭守敬，他在水利、天文仪器、历法制定等方面都有一番成就。他通过对隋唐大运河截弯取直的规划设计，奠定了京杭大运河的走向和格局。此外，郭守敬还开凿了通惠河，使漕粮可以直运京城。

京杭大运河沟通了海河、黄河、淮河、长江、钱塘江五大水系，全长两千七百千米，是**世界上最长的人工运河**。

元朝为了方便南粮北运开凿了会通河和通惠河，这两条河与原有的运河相通，形成了**京杭大运河**。

隋朝时，隋炀帝修建了一条贯穿南北的**大运河**。大运河以洛阳为中心，北至北京，南至杭州，从北向南分为永济渠、通济渠、邗沟和江南运河四段，南端通过杭州将浙东运河和大运河连为一体。

北京　（通惠河）　通州　海河　天津　沧州　衡水　德州　临清　（永济渠）　聊城　安阳　鹤壁　泰安　（会通河）　济宁　枣庄　新乡　焦作　开封　洛阳　郑州　（通济渠）　商丘　淮北　徐州　宿迁　淮安　宿州　（邗沟）　淮河　扬州　镇江　常州　（江南运河）　无锡　苏州　湖州　嘉兴　长江　钱塘江　杭州　宁波　绍兴　（浙东运河）　黄河

相比于从杭州到北京要绕道洛阳的隋唐大运河，京杭大运河缩短了九百多千米的路程。

13世纪末开建的通惠河将大运河的北端延伸到北京。大运河通航以后，不仅促进了南北政治、经济、文化的交流，也成为沟通亚洲内陆和"海上丝绸之路"的枢纽，还促进了北京、扬州、杭州、洛阳等沿线城市的发展。

积水潭码头

为调节运河的水源，郭守敬在运河上修建了大量的堤坝、闸口、水柜和其他调水工程。建于汶河上的堽城坝是其中的一个关键工程。

堽（gāng）城坝

江都水牛

为了防止水患、避免水害，古人会在运河边安置镇水兽。这是一头铁牛，古人认为铁兽能镇水灾。

隋唐大运河开通后，**扬州**成为当时中国最富庶、繁荣的城市。唐朝时期，运送丝绸、瓷器的货船从这里进江入海，西域的商人来这里经营珠宝、药材，他们还把货物通过长江和运河销往内陆城市。

黄道婆把江南原有的丝麻织作技术和黎族棉织技术融会贯通，总结出一套先进的织造工艺，织出了图案生动、色彩艳丽的棉布"乌泥泾被"。

这图案和画上去的一样美。

我把技术教给你们，你们也能织出这么漂亮的花纹。

这就是名扬天下的"纺织女神"呀！

这脚踏的纺车可真省力。

真比天上织女的手都要巧呀！

以前的手摇车只能纺一根纱，黄道婆改革发明了**三锭脚踏式棉纺车**。这种纺车能够同时纺三根纱，是当时世界上最先进的纺车。

来到元朝，细心的姐弟俩发现人们穿上了棉质的衣服。原来，棉花在元朝得到了广泛种植。随着棉纺织技术的提高，普通百姓都能穿上棉质衣服了。这要归功于一位伟大的女性黄道婆，她将自己从海南崖州学到的棉纺织技术传到家乡松江乌泥泾，推动了松江地区棉纺织业的发展。

要跟元朝说再见了，下一个皇帝会是谁？

红巾军起义后，元朝很快就灭亡了。

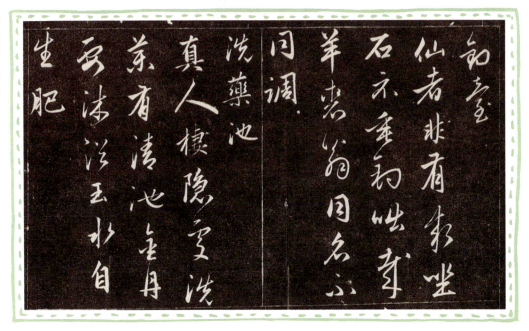

游天冠山诗碑

赵孟頫一直弘扬汉族文化，加深了蒙古人对汉族文化的接受程度。

真了不起！

基本信息

时代：清康熙二十一年（1682）重刻

尺寸：高 158 厘米，宽 69 厘米

收藏地：西安碑林博物馆

文物来源：碑林旧藏

元朝书法第一

碑文是赵孟頫游天冠山（今江西省贵溪市三峰山）时写的即景诗，文徵明题跋，邓霖临摹。

赵孟頫是楷书四大家之一，创立了独具特色的"赵体"，后人称他的书法是"元朝第一"。碑文是他写的行书，字体清新妙丽，韵意悠长，展现了作者当时春风得意的心情。

背负骂名与赞誉的全才

赵孟頫博学多才，能诗善文，文采极高，书法和绘画成就最高，人称"诗书画三绝"。他还精通音律，擅长鉴定古器物。赵孟頫是宋太祖赵匡胤的十一世孙，秦王赵德芳的后人。宋灭亡后，赵孟頫在元朝做了大官。为此，赵孟頫一生都背负着骂名。但在他看来，做元朝的官一样能造福百姓。

才子名碑

明朝

明朝（1368—1644）明朝手工业和商品经济繁荣，文化艺术呈现世俗化趋势；重视加强同海外各国的联系，**海外贸易**繁荣，促进了中国和亚非各国的经济交流。明朝碑刻盛行，碑刻品种和数量都不少，形制也很壮观，以文徵明、**董其昌**等人的书法居多。

　　明太祖朱元璋在建立明朝之初，采取了休养生息的政策，促进了经济的繁荣和社会的安定。朱元璋的儿子朱棣称帝后，为了加强中央对北方的控制，决定迁都北京，他在元大都的基础上，建设了北京城。

　　提到北京城，姐弟俩很是兴奋，他们对历史悠久的北京城还是比较了解的，而且还去看过故宫呢。

明成祖迁都

　　永乐十四年（1416），明成祖召集群臣，正式商议迁都北京的事。对于提出反对意见的大臣，明成祖一一革职或严惩，从此无人再敢反对迁都。次年，以南京明皇宫为模板的北京紫禁城正式动工。永乐十九年（1421），北京紫禁城正式建成，明成祖朱棣下诏迁都，南京城成为留都。

　　朱棣（1360—1424），明朝第三位皇帝，庙号成祖。朱棣是明太祖朱元璋第四子，受封为燕王，后发动"靖难之役"，夺取了侄儿建文帝的皇位。他五次亲征蒙古，巩固了北部边防，维护了中国版图的统一与完整。在位期间经济繁荣、国力强盛，史称"永乐盛世"。

❤ 北京紫禁城经历了明清两朝二十四位皇帝。

❤ 北京城是一座对称的城市。它以紫禁城为中心，以一条南北方向的中轴线对称建设。

❤ 北京城奠定了明清时期都城的基本格局，并对明朝以后北京城的发展走向与布局产生了重要影响。

❤ 紫禁城的名字来自"紫微星"，古人相信紫微星位于苍穹的中心。紫禁城又是国家权力的中心，属于禁地，因而叫紫禁城。

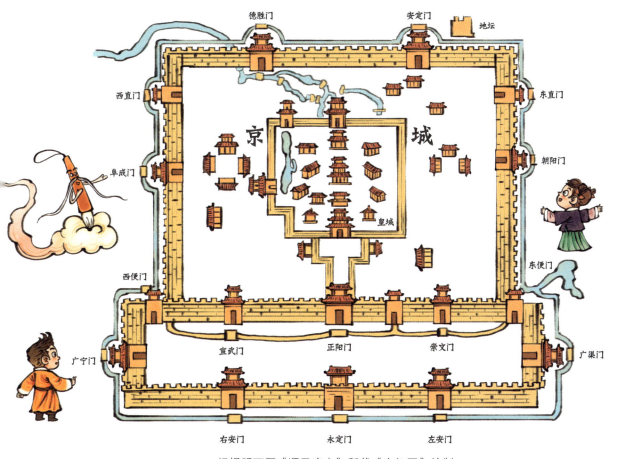

根据明万历《顺天府志》所载《金门图》绘制

❤ 明朝兴建北京城时，无论是砖瓦琉璃，还是粮食物资，甚至手工匠人都是通过大运河运送进来的，所以北京城被称作是"运河上漂来的城市"。

❤ 故宫是世界上现存规模最大、保存最完整的木质结构建筑之一。

明朝前期十分强盛，明成祖称帝后，为了加强同海外各国的联系，派遣郑和率领船队出使西洋。郑和去到了许多国家，还用中国的丝绸和瓷器等货物换回了许多海外奇珍。

❶ 郑和第一次出使西洋，规模最大，人员达两万七千多人，乘坐两百多艘海船，其中郑和宝船是郑和船队中最大的海船，长一百五十一点八米、宽六十一点六米，可乘千人，是当时世界上最大、最先进的海船。

❷ 郑和的船队采用了当时世界上最先进的牵星过洋术，配备罗盘定向测定针距，能够准确地测定航区、航线和船位，有效地利用季风、海流进行航行。

❸ 郑和带着金银货币和货物换回了香料、染料、药材以及供皇室贵族享用的珠宝、象牙等奢侈品。

❹ 郑和船队返航时，不少国家的国王和使臣搭乘他们的大船前来中国访问。

文化卡片

郑和 本姓马，靖难之役中，随朱棣冲锋陷阵，战功赫赫。明成祖即位后，赐姓郑。从1405年到1433年，郑和受命七次下西洋。

郑和下西洋带回榜葛剌国（今孟加拉和印度西孟加拉那一带）进贡的一只长颈鹿。此外，他带回的动物还有鸵鸟、狮子、金钱豹、直角大羚羊等。

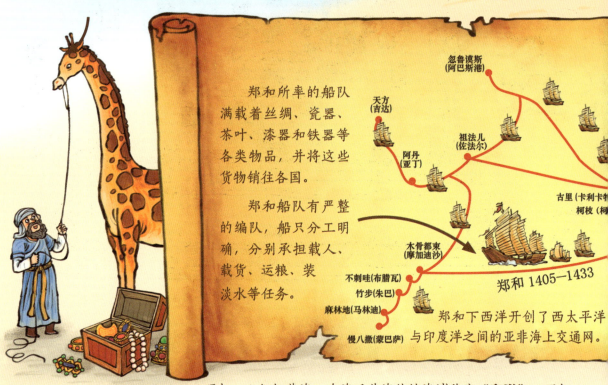

郑和所率的船队满载着丝绸、瓷器、茶叶、漆器和铁器等各类物品，并将这些货物销往各国。

郑和船队有严整的编队，船只分工明确，分别承担载人、载货、运粮、装淡水等任务。

忽鲁谟斯（阿巴斯港）
天方（吉达）
阿丹（亚丁）
祖法儿（佐法尔）
古里（卡利卡特
柯枝（柯
木骨都束（摩加迪沙）
不剌哇（布腊瓦）
竹步（朱巴）
麻林地（马林迪）
慢八撒（蒙巴萨）

郑和 1405—1433

郑和下西洋开创了西太平洋与印度洋之间的亚非海上交通网。

明初，人们把黄海、东海及其海外的海域称为"**东洋**"，而把今文莱以西的东南亚和印度洋一带海域及沿岸地区称为"**西洋**"。

我们去刘家港搭
乘郑和的大船体
验一下吧。

郑和最远到达红
海沿岸的也门、苏
丹等国家以及非洲东海岸
的肯尼亚和坦桑尼亚
一带，比欧洲航海家的
远航早半个多世纪。

我们一共访问了
三十多个国家。

嗯？

刘家港
（太仓浏河）

福州
泉州

鸡笼
（基隆）

撒地港
（吉大港）

占城

满刺加
（马六甲）

旧港
（巨港）

三宝垄

新村
（泗水）

亚非许多国家和地区，至今还保存着不少同郑和有关的遗迹。比如，印度尼西亚
有个港口城市叫三宝垄，附近的山上有个三宝洞，洞中有郑和塑像。

明朝不仅在经济上繁荣发展，在精神生活方面也很富足，而且到了明朝中后期，科技方面也成果显著。这一次，姐弟俩遇到了很多名人，比如"江南四大才子"、李时珍、徐光启等，还了解了很多名著。

江南四大才子

　　指的是唐寅、祝允明、文徵明和徐祯卿。他们是明朝时生活在苏州的四位才华横溢且性情洒脱的文人。他们在诗、书、画方面均有一定的建树，也各有擅长之处。

① **唐寅**有"江南第一风流才子"之美称，他的山水画、花鸟画和仕女图相当有名。唐寅在诗文上主要以才情取胜，他在书法上的成就也十分了得，代表作有《梦仙草堂图》《桐山图》等。

② **祝允明**自号枝山，他不仅诗写得好，狂草也备受世人赞赏。

③ **徐祯卿**擅长写诗，诗作很多，号称"文雄"，富有"吴中诗冠"的美称。他诗歌中的"文章江左家家玉，烟月扬州树树花"被无数名家引用。

④ **文徵明**是诗、文、书、画方面的全才，人称"四绝"，小楷尤其精湛。他的《四体千字文》由楷、草、隶、篆四种字体写成，是后人临摹的范本。

▌文化卡片

唐伯虎与祝枝山联句咏奇石

　　祝枝山与唐伯虎是好朋友，两人性情相近。他们辞官之后，经常一起结伴出游。有一次，两人到扬州时发现钱花完了，听说扬州的盐政御史喜好风雅，便化装成道士来到衙门。御史请他们以石头为题，联句成诗，两人很快作出一首诗，御史对他们的诗作非常满意，赏了不少银子，两人又因此多玩好几天。

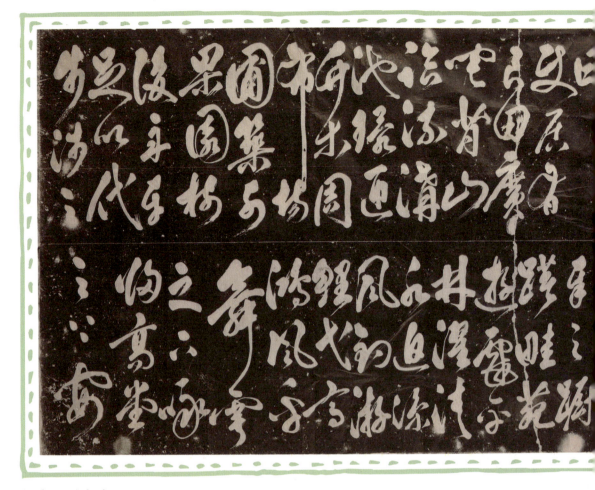

祝允明乐志论

▌ 基本信息

时代：清嘉庆十年（1805）摹刻

尺寸：高104厘米，宽281厘米

收藏地：西安碑林博物馆

文物来源：原立于西安府学旧址

这书法写得出神入化！

不愧是江南四大才子之一呀。

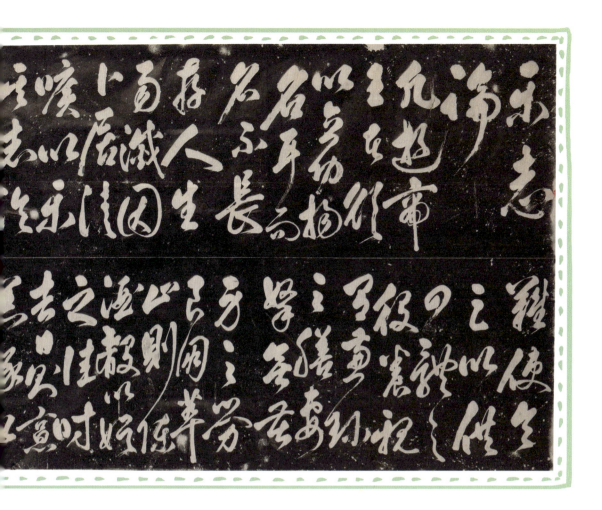

渴望归隐山田的书法家

碑文内容是明朝书法家祝允明用行草体书写的《乐志论》。《乐志论》是东汉末年哲学家仲长统创作的，描绘了一幅逍遥自在的生活图景，表达了作者的归隐情怀。后来祝允明真的辞去官职，过上了专心研究书画的归隐生活。

出神入化的草书

祝允明的狂草受到世人的赞叹，有"唐伯虎的画，祝枝山的字"的说法。这篇草书用笔浑厚劲健，自然流畅，有一种出神入化的感觉。

伪造之作

据碑上的题跋可知，此碑由祝允明书写于明弘治五年（1492），但是对比《乐志论》文本、祝允明的存世书作及其他题跋可以推测，这通碑应为明朝文葆光伪作。文葆光是文徵明的五世孙，擅长伪作祝允明的草书。

他们走在街上，一阵嘻嘻哈哈的声音传来，循着声音看过去，只见"唐僧师徒"迎面走来，树下还有三个小孩子玩起了"桃园三结义"。不远处，几个孩子正在上演"武松打虎"。

他们装扮得有模有样，看样子，《西游记》《三国演义》和《水浒传》中的情节在民间已经深入人心了。

《西游记》是明朝小说家吴承恩创作的中国古代浪漫主义长篇神魔小说。小说讲述了孙悟空、猪八戒、沙僧保护唐僧西行取经，师徒四人沿途历经各种艰险，一路斩妖除魔，化险为夷，终于到达西天、取得真经的故事。

《水浒传》开创了中国白话文长篇小说的先河。其取材于北宋末年宋江起义的故事，由施耐庵在此基础上加工、整理，创作成书。

《三国演义》是中国古代长篇章回小说，历史演义小说的经典之作。作者是元末明初小说家罗贯中，内容以描写战争为主，反映了东汉末年的群雄割据混战和魏、蜀、吴三国之间的政治和军事斗争。

明朝时，书坊成为街头巷尾最常见的商铺，生意十分兴隆。书坊门前有许多前来买书、看书的人。

作为爱读书的小书虫，姐弟俩也挤进了书店。他们发现，这里不仅有小说这样的文学读物，还有许多科技巨著，其中有些还是从国外引进的呢。

医药学家李时珍在行医的同时去各地考察，采集药物标本，搜集民间药方。他撰写的**《本草纲目》**，总结了我国古代药物学成就，后来被翻译为多国文字，达尔文称之为"古代中国的百科全书"。

李时珍

宋应星

科学家宋应星深入手工作坊、农业生产现场，进行调查和探索，创作了**《天工开物》**。这部著作对我国古代的农业和手工业生产技术进行了全面的总结，记述了中国在当时世界上具有先进水平的科学技术，被外国学者称为"中国17世纪的工艺百科全书"。

徐光启与意大利传教士利玛窦共同翻译了古希腊数学著作《几何原本》。这本书对中国数学的发展有着深远的影响。

利玛窦

徐光启

科学家徐光启创作的《农政全书》，全面总结了我国古代农业生产的先进经验和技术革新。

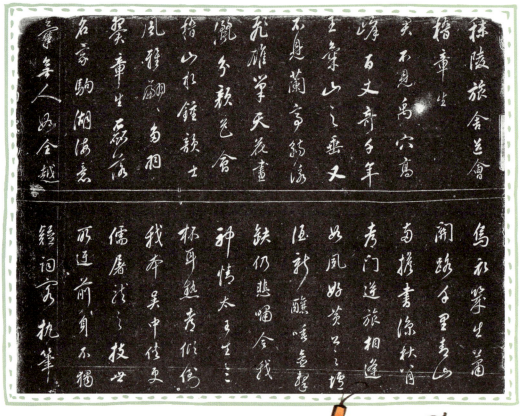

国宝有话说

基本信息

时代：清康熙四十年（1701）摹刻

尺寸：高331厘米，宽86厘米

收藏地：西安碑林博物馆

文物来源：碑林根据陕西布政使赠送的董其昌墨迹摹刻

我们小学生写字不好也会被扣分的。

董其昌曾经因为字写得丑，导致考试落榜，后来发愤图强才成了书法大家。

影响中国书法史三百年

碑文是董其昌用行书书写的，字体疏朗潇洒、清丽淡雅。董其昌在明朝后期书法史上独领风骚，他甚至影响了整个清朝的书法发展。

晚明最杰出、影响最大的画家

董其昌在绘画上造诣也很高，擅长山水画。他的画对明末清初画坛影响甚大，理论高度在同时代也无人能及。关于文人画，董其昌在《画旨》中提出"南北宗论"，为中国画的发展提供了新的理论基础。这种艺术观对中国绘画史发展产生了重要的影响。

明德受记碑

明朝末期的老百姓过得真是太惨了！

基本信息

时代：大顺永昌元年（1644）

尺寸：高180厘米，宽60厘米

收藏地：西安碑林博物馆

文物来源：原立于陕西省富平县上官村

大顺年号存在的实物证明

大顺永昌元年（1644），李自成在西安称帝。《明德受记碑》上刻有"大顺""永昌"字样，这是明末农民起义领袖李自成建立的农民政权的国号和年号。

明末农民起义的必然性

碑文记载了当时陕西大旱，粮食绝收，粮价暴涨，"小麦每斗二两四钱，米每斗二两六钱"和"人食人，犬亦食人"的悲惨景象，揭示了明末农民起义的必然性。

字画合一中的洒脱和突破

清朝 清朝（1636—1912）清朝是中国历史上最后一个封建王朝，这一时期中国古代的专制主义达到了最高峰。清朝涌现了许多书法名家，留下了大量的碑刻。从这些碑刻中，我们可以感受到当时积极向上的**社会风气**，以及鸦片战争后先进的中国人为国家富强而做出的探索和改革。这个时期的书法注重以书入画的个性发挥，体现了**书画同源**的理念。

　　来到清朝后，迎接他们的是一片竹林，五千岁一眼看透了其中的奥妙，这就是画中藏诗的《关帝诗竹》，它体现了作者的忠义气节。

　　说到气节，清朝初期，整个社会风气和学风积极向上，重气节、讲信义和勤学上进这些品德是人们尊重和推崇的。

关帝诗竹碑

时代： 清康熙五十五年（1716）

尺寸： 高 159 厘米，宽 64 厘米

收藏地： 西安碑林博物馆

文物来源： 碑林旧藏

一幅藏有玄机的画

　　据碑上落款可知，此碑为清康熙五十五年（1716）杜陵二曲居士韩宰临摹并立石。《关帝诗竹》画中藏诗，由竹叶会意组成四句诗。诗句讲的是关羽虽不幸被俘，但仍不肯屈服，思念义兄刘备，表现出关羽的忠肝义胆。

清朝初期，康熙皇帝重视学风建设，为了劝勉读书人用功学习，甚至给全国的学生发了文告。康熙还积极推动廉政建设，采取了一系列整顿吏治的制度和措施。提到勤学和廉政，小旋风想起了民族英雄林则徐。

家境贫寒，刻苦读书

林则徐幼时生活清贫，但他聪慧灵敏，四岁开始跟随在私塾教书的父亲读书，六岁就会写文章了。

开眼看世界第一人

林则徐在广州主持禁烟期间，倡导学习西方的先进科技和文化知识。他设立译馆，搜集和翻译西方国家的书报。他主持编译的《四洲志》是近代中国第一部系统的世界地理志。

巧对佳话

少年林则徐随老师和同学游鼓山，爬到鼓山顶峰时，老师以"海"为题，出一上联："海到无边天作岸"，林则徐首先对出下联："山登绝顶我为峰"，表达了自己的凌云壮志。

林公渠

因为查禁鸦片，林则徐被革去官职，发配新疆伊犁。但他依然心系百姓，带领大家在阿齐乌苏垦荒种地，修渠灌溉农田，使得阿齐乌苏成为当时新疆最大的产粮区。当地民众为表达对林则徐的敬佩与怀念，把他修筑的水渠叫作"林公渠"。

游华山诗碑

时代：清道光二十二年（1842）

尺寸：高 30 厘米，宽 102 厘米

收藏地：西安碑林博物馆

文物来源：碑林旧藏

流放途中依然忧国忧民

《游华山诗》是林则徐被发配新疆伊犁途经陕西华山时写下的。在诗中，他抒发了对祖国大好河山的热爱之情，还寄予了自己的忧国忧民之情。

字如其人

林则徐不仅是清官、诗人，还是一位大书法家。林则徐的书法有欧阳询的风格，点画运笔、间架结构，显得清新秀丽。

训饬士子文

时代：清康熙四十一年（1702）

尺寸：高 302 厘米，宽 112 厘米

收藏地：西安碑林博物馆

文物来源：原立于北京国子监

只有努力学习，成为栋梁之材，才能为国为民作贡献。

学习真的有那么重要吗？

皇帝亲自出面督学

《训饬士子文》是清朝康熙帝玄烨训饬太学学生和地方府、州、县学生的文告。明末清初，学风败坏，学者们渐渐地蔑视读书。在这种背景下，玄烨列出蔑视学问的种种社会弊端，告诫读书人要勤学上进，挑起国家重任。当时玄烨撰文颁发到礼部，还命人刊刻碑石立在太学前。

皇帝也仿董其昌

本碑为康熙帝玄烨撰文并书写，书体为楷书。康熙皇帝十分喜爱董其昌的书法，这篇碑文字体端雅清丽，笔力遒劲、挺拔，神情疏朗，很有董其昌书法的神韵。

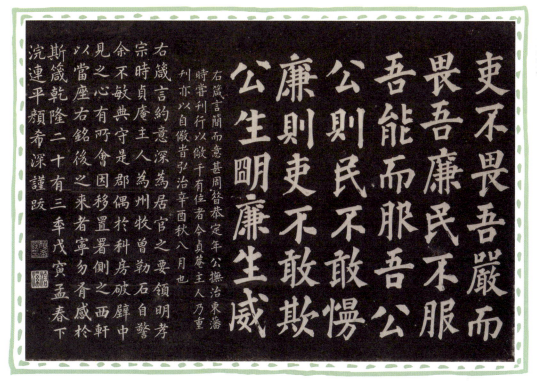

吏不畏吾嚴而
畏吾廉民不服
吾能而服吾公
公則民不敢慢
廉則吏不敢欺
公生明廉生威

右箴言簡而意甚周替恭定年公撫治東藩
時嘗刊行以做于有位者今貞菴主人乃重
刊亦以自儆昔弘治辛酉秋八月也

右箴言約意為居官之要領明孝
宗時貞庵主人為州牧曾勒石自警
余不敏典守是郡偶於科房破壁中
以見之心有所會因移置署側之西軒
以當座右銘後之来者寧勿奮感於
斯箴乾隆二十有三年戊寅孟春下
浣連平顏希深謹跋

基本信息

时代：清道光四年（1824）

尺寸：高 83 厘米，宽 209 厘米

收藏地：西安碑林博物馆

文物来源：原立于山东省泰安市

古代官员的做官指南

碑文共三十六字，写的是为官箴言：吏不畏吾严而畏吾廉，民不服吾能而服吾公；公则民不敢慢，廉则吏不敢欺；公生明，廉生威。这则箴言是对官员的规诚和劝勉，也是一些官员的座右铭。

这句话最早是明朝曹端说的，说的是做官要廉洁自律、公正执法，才能得到民众的拥护和爱戴。这则箴言对当今社会的官员依然有很重要的启示作用。

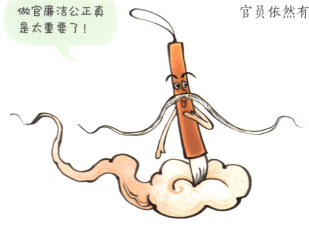

做官廉洁公正真是太重要了！

为了欣赏林则徐的书法，五千岁带着姐弟俩又一次来到了碑林。他们发现，碑林的碑石变得好多呀，种类也更加多样了。

原来，清朝时，因为金石学的再次复兴，西安碑林迎来了发展史上的又一个高峰。"碑林"一名也在这个时期确定下来，就是"碑石丛立如林"的意思。

1 这两个字是林则徐被流放新疆伊犁时途经西安题写下的，字体柔中含刚、清劲秀博，堪称书法中的极品。

2 唐代时"碑"字就是这样写的。据说唐代雕版印刷技术不高，有一撇这个字就出格了，直到宋代才将这一撇重新写上去。不过宋朝之后这种情况还是很多见，人们为了讲究书法的对称美，"碑"字依然少写一撇，这已成为一种书写习惯。

3 碑林距今已有九百多年的历史，收藏有碑石、墓志、造像、石雕等石刻类文物四千余件，内容涉及政治、经济、文化、艺术等各个方面。因为藏品种类丰富、数量巨大、价值极高，碑林被誉为中国"历史文化宝库、书法艺术殿堂"。

从碑林出来，五千岁带着姐弟俩去拜访了两位书法大家——郑板桥和马德昭。他们的书法很特别，既像字又像画，着实让姐弟俩开了眼界。

这种书法风格体现了书画同源的理念，注重以书入画的个性发挥。因为绘画和书法关系密切，在笔墨技法和表现手法上都有相通之处。

① 郑板桥的"难得糊涂"四字将楷、草、隶、篆四种字体融为一体，又加入兰竹的画法。这种字体被后人称作"板桥体"。

② 郑板桥是"扬州八怪"的重要代表人物，不仅擅长书法，而且擅长画画。郑板桥偏爱画兰、竹、石，自称"四时不谢之兰，百节长青之竹，万古不败之石，千秋不变之人"。

③ 明清时期，印章成为书画作品中不可缺少的部分。作者会盖章，后来的收藏家也会盖章。人称"盖章狂魔"的乾隆皇帝就非常喜欢在收藏的名家书画上盖章。据记载，乾隆有印章一千八百多方，常用的就有五百多方。

这是郑先生自创的字体。

文化卡片

卖画明码标价，谢绝还价

历代文人画家卖画都会感觉不好意思，郑板桥不同，他还制定了《板桥润格》："大幅六两，中幅四两，小幅二两；条幅对联一两，扇子斗方五钱。"郑板桥是中国画家明码标价卖画的第一人。

马德昭是一位颇有名气的将领，能征善战，也是难得的书画家。

五千岁告诉姐弟俩，马德昭的作品《魁星点斗》是书画同源的旷世之作，很多人看完之后都久久不愿离去。

一笔寿

马德昭的草书作品《一笔寿》，以九十九、廿一两组数字巧妙地组合成了一个"寿"字，两组数字相加为一百二，取花甲重周之意，意喻长寿。花甲是六十岁，重周就是一百二十岁了。

妙呀！自古书画本是一家，您把书画同源表现得淋漓尽致！

同治甲子仲春

希望魁星保佑我每次都能考出好成绩！

魁星点斗

图中隐含"正心修身，克己复礼"八个字，还结合了中国科举制度，把魁星画成一脚立于"鳌"字之上，一脚跷起托"斗"字的形象，取"魁星点斗、独占鳌头"之意。

这是我创作的12幅字画，这幅《魁星点斗》图中藏字，字中寓意。

一笔虎

这个字一气呵成，用墨十分巧妙，干湿浓淡、粗细轻重都恰到好处，显得虎虎生风。"虎"的尾巴惟妙惟肖，给人强烈的艺术感受。

拴马桩

基本信息

时代：明清（1368—1912）

尺寸：高240～270厘米

收藏地：西安碑林博物馆

文物来源：于陕西关中地区民间征集

国宝有话说

石雕奇葩

　　拴马桩大多是民间匠人雕凿的，它们造型各异，一般由桩顶、桩颈、桩身、桩基四部分组成。大多数拴马桩是四方柱或八方柱形，桩顶以圆雕形式、采用夸张手法雕刻出栩栩如生的动物或人物造型，配以卷草纹、云水纹、斜线纹等装饰性图案，生动形象，格外引人注目。

这些拴马桩真是太好看了！

扫一扫，
听课啦！

庄户人家的华表

　　拴马桩是过去乡绅大户用于拴系骡马所用的，以整块青石雕刻而成，常立在民居建筑大门两侧，是宅院建筑的有机构成。和门前的石狮一样，有装点建筑的作用，同时还有避邪镇宅的意义，被称为"庄户人家的华表"。在西安碑林博物馆，这片拴马桩石林向人们展示着古代匠人精湛的雕刻技艺。

这个剧就是根据《三侠五义》改编的。

① 旦是女性角色的统称，又分为正旦、花旦、刀马旦、武旦、老旦等专行。正旦俗称青衣，因为身穿青衫而得名，主要扮演庄重贤惠的中青年妇女，以唱功为主，动作幅度小，行动稳重。

原来他们在演京剧《铡美案》呀。

陈世美太可恶了！

清朝人的娱乐里，看戏和读小说是必不可少的。被称为"国剧"的京剧就是在北京诞生的。

当时，看戏已成为老百姓主要的文化活动了。小说的创作和传播也达到明朝后的又一高峰。小说中的一些桥段还被搬上了戏曲舞台呢。

嘘……演出就要开始啦！

③ **生**是净角、丑角以外的男性角色的统称，分小生、老生、武生、娃娃生等。老生主要扮演中年以上的男性角色，唱和念白都用真声。老生基本上都戴三绺的胡子。

④ **丑**扮演喜剧角色，因在鼻梁上抹一小块白粉，俗称小花脸。文丑以做工为主，武丑以武打为主。

⑤ 清朝不仅将明朝的一些经典小说重印并广泛流传，还创作了更多优秀的作品。

② **净**，俗称花脸，大多是扮演性格、品质或相貌上有些特别的男性人物，化装采用脸谱表明人物特征，音色洪亮，风格粗犷。

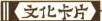

京剧的诞生
乾隆皇帝八十岁寿辰时，表演地方戏曲徽调的戏班进京献艺。后来，徽调不断吸收汉调等其他地方戏的优点，表演讲究"唱做念打"四样功夫，就形成了新的剧种"京剧"，被誉为"国剧"。

这么近距离地欣赏一场京剧大戏，令姐弟俩兴奋不已。各种各样、色彩缤纷的脸谱，看得他们眼花缭乱。还有演员们华贵的戏服真是太漂亮了，他们也想穿上戏服、画上花脸体验一番！

京剧中的**脸谱**通常用于"净角"和"丑角"两类人物形象的化装上。不同颜色的脸谱象征不同人物的品质、性格、气度。演员一上台，好人坏人一看便知。

红色表示忠勇耿直，有血性的勇烈人物。如关羽、赵匡胤等。

关羽又称关云长，被民间尊为"关公"。关羽忠贞不贰，深受刘备信任。

黑色代表正义凛然、刚直不阿的人物形象，如包拯。

包拯是中国历史上著名的清官，他因铁面无私的正直形象被人们誉为"包青天"。

白色表现奸诈多疑，如曹操、司马懿。

司马懿是魏国权臣，西晋王朝的奠基人，为人狡诈多疑、看重权术。

紫色代表的是肃穆稳重、刚正不阿、不媚权贵的人物性格，如徐延昭。

徐延昭是京剧《二进宫》中的人物，明穆宗时期定国公，为人刚正威严。

黄色表现骁勇凶猛，如宇文成都、典韦。

宇文成都是《车轮战》一剧中的人物，是隋唐系列小说中的虚构人物，身份为宇文化及的儿子。

金银色表现各种神怪形象，如二郎神、土行孙等。

土行孙是神魔小说《封神演义》中的神话人物，身材矮小，本领高强，以遁地术称雄诸神。

蓝色代表刚强骁勇、有心计的人物性格，如窦尔敦。

窦尔敦是京剧《盗御马》和《连环套》中的人物，清朝的一位占山为王的绿林好汉。

绿色表现顽强暴躁，如程咬金。

程咬金是《隋唐演义》中赫赫有名的人物，外号"混世魔王"，他的兵器是三板斧。

武生是京剧中擅长武艺的男性角色。

花旦大多扮演青年女性，服装色彩艳丽，人物性格活泼开朗，动作敏捷伶俐。

"我们赶紧回去吧，爷爷要到家了。"五千岁带着姐弟俩踏上了回家的旅途。一日五千年的中华文化之旅结束了，姐弟俩意犹未尽，依然沉浸在对历史的回忆里。

经过这次旅行，姐弟俩对于中华文化更加痴迷了。他们深深地感受到，中华文化如同一座巨大的宝库，还有无数的珍宝等待他们发现。所以，他们对下一次的旅行充满期待。

不过，有一件很重要的事情，姐弟俩忘记了，五千岁可是爷爷的老朋友，他会给姐弟俩保守秘密吗？又或者，下一次旅行，爷爷会和他们一起去呢！